AF216905

So

verdienst du mit deinem Buch Geld

Du wirst überrascht sein!

Marco Boehm

Für Armin Gibbs, Sergej Fehrlich, Helge Nuch, Wilson Dring, Chrisoph Zmaul, Jean Fairtigue, Iris Kühl, Miri Swam, Walter Beiter, Gerd Nehr, Erkan Hardwigsen, Judith Nassing, Serge Nell und Kain Schimmer.

 tredition

© 2024 Marco Boehm

1. Auflage

ISBN Softcover: 978-3-384-34581-3

Druck und Distribution im Auftrag des Autors:
tredition GmbH,
Heinz-Beusen-Stieg 5
22926 Ahrensburg, Germany

Direkter Kontakt zum Autor:
boehm@kraftkollektiv.de

Das Werk, einschließlich seiner Teile, ist urheberrechtlich geschützt. Für die Inhalte ist der Autor verantwortlich. Jede Verwertung ist ohne ihre Zustimmung unzulässig. Die Publikation und Verbreitung erfolgen im Auftrag des Autors, zu erreichen unter:
bøm – Klangnerei (Kultur- und Kreativatelier Kraftkollektiv)
Mildstedthof 40, 25866 Mildstedt

Bibliographische Information der Deutschen Nationalbibliothek:
Die Deutsche Nationalbibliothek verzeichnet diese Publikation in der Deutschen Nationalbibliothek; detaillierte Daten sind im Internet unter http://d-nb.de abrufbar.

Nach dem Satz auf Seite 33 kannst du sagen, dass du ein Business-Buch in nur einem Tag gelesen hast.
Und sei ehrlich: Du bist überrascht.

Mache es so, wie ich.

Falls du zum bisher überraschenden Inhalt weitere Ideen benötigst, ist dieses Werk auch ein ziemlich cooles Büchlein, um eigene Ideen zu notieren. Es sieht auch gut auf dem Schreibtisch aus. Auch als Telefon-Kritzel-Unterlage startest du vielleicht eine Karriere im Bereich bildende Kunst – wer weiß.

Aber nenne diese kreative Überzeichnung einer Business-Idee niemals Low-Content-Buch.

Zeitfracht Medien GmbH
Ferdinand-Jühlke-Straße 7
99095 Erfurt, Deutschland
produktsicherheit@kolibri360.de